Hannah Montana

L'intégrale

Rock

Prête pour une tournée de folie!

HANNAH MONTANA en TOURNÉE

© 2008 par Disney Enterprises, Inc. Tous droits réservés.

Publié par Presses Aventure,
une division de
Les Publications Modus Vivendi Inc.
55, rue Jean-Talon Ouest, 2ᵉ étage
Montréal (Québec) H2R 2W8
Canada

Directeur éditorial : Marc Alain
Designer graphique : Catherine Houle
Textes originaux par : Marie-Ève Labelle et Catherine Houle

Dépôt légal - Bibliothèque et Archives nationales du Québec, 2009
Dépôt légal - Bibliothèque et Archives Canada, 2009

ISBN 978-2-89543-980-6

Nous reconnaissons l'aide financière du gouvernement du Canada par l'entremise du Programme d'aide au développement de l'industrie de l'édition (PADIÉ) pour nos activités d'édition.

Imprimé en Chine

Hannah Montana

L'intégrale

D'après la série créée par Michael Poryes, Rich Correll et Barry O'Brien

Hannah Montana

À EMPORTER :

- ☑ Photos de Lilly et d'Oliver (Bon ok, ET de Jackson)
- ☑ Médiators (Je les perds tout le temps!)
- ☑ Bougies parfumées (Idée de Lilly. D'après elle, le bus de la tournée risque de sentir aussi mauvais que les vestiaires de l'école. Sympa!)
- ☑ Livres (Cf. liste des lectures donnée par l'école pour cet été. Je ne dois pas prendre trop de retard...)
- ☑ Baume pour pied à la menthe poivrée (C'est bien sympa de danser, mais bonjour les dégâts!)
- ☑ Feutre pour autographes (Je sais, ça a l'air fou, mais j'aime les signer avec un feutre spécial...)
- ☑ Mon carnet à autographes (On ne sait jamais qui on va croiser dans les coulisses.)
- ☑ Masque de nuit (Dans le bus, les lumières de l'autoroute empêchent de dormir.)
- ☑ Magazines (Pour garder le contact avec les célébrités – qui sait? on pourrait parler de Jake Ryan... Je sais, je ne devrais pas y penser, mais bon je suis humaine, quoi!)

SLSAIR

Cet été, tout le monde va traîner sur la plage. Moi, je serai sur les routes !
Ça fait si longtemps que papa organise cette tournée à travers les États-Unis, que je n'y croyais plus !

Enfin, ça y est! Installée dans le fauteuil 3A d'un avion à destination de New York, je survole les Rocheuses en grignotant quelques bretzels...

Une tournée, ça passe super vite. Tu t'endors dans une ville, te réveilles dans une autre et tu n'as pas le temps de dire ouf que tu es déjà rentrée !

SLSAIR

PASSENGER MILEY STEWART
FROM LOS ANGELES, CA
TO NEW YORK, NY

FLIGHT	TIME
DC-32	8:00am

GATE	SEAT
C-13	3A

BRETZELS

PLATS

BURGER PLAGE
Hamburger royal et sa garniture.

Sans oignons pour moi. Jackson a doublé la dose !

BURGER VÉGÉTARIEN
Salade, tomates et oignons entre deux tranches de pain grillé.

PIZZA
Pizza trois fromages, pâte fine et croustillante nappée de sauce tomate maison.

BOISSONS

EAU DE SOURCE MAHALO

LIMONADE À LA FRAISE

PETITE FAIM

STEAK QUESADILLA
Steak grillé servi sur une tortilla chaude accompagné de guacamole et de crème fraîche.

TACOS AU POISSON VOLANT
Morue du Pacifique fraîchement pêchée par Rico, divinement grillée au barbecue.

Plein de sauce piquante pour moi. J'adore les tacos épicés !

Laits Fouettés

TOURBILLON MARIN À LA MYRTILLE
Myrtille, banane et fraise.

Celui que Lilly préfère !

LAIT FOUETTÉ DES TROPIQUES
Mangue, orange et ananas.

Hier soir, on a fêté mon départ. Ma valise enfin bouclée, j'étais plus affamée que 10 Jackson ! Papa a invité Lilly et Oliver à venir dîner. Jackson s'est occupé du barbecue, mais comme il jouait en même temps à son nouveau jeu vidéo, les steaks de papa se sont transformés en véritables rondelles de hockey !

J'ai donc débarqué chez Rico, un resto sur la plage de Malibu. C'était parfait ! Il faisait chaud mais pas trop grâce à cette petite brise. Les doigts de pied enfouis dans le sable, j'ai dévoré mes tacos au poisson devant le coucher de soleil, en essayant de ne pas trop penser que j'allais bientôt quitter mes meilleurs amis...

Bon, au boulot ! Je dois profiter des heures d'avion pour voir avec papa ce qu'on prévoit pour les rappels.

Attachez vos ceintures, c'est parti !

Bye bye Malibu!
Bonjour New York!

Amis pour la vie !

Pique-nique sur la plage !

Nous voici arrivés à New York pour mon premier concert !
J'ai du mal à trouver mes mots pour décrire l'état dans lequel je me trouve : excitée mais nerveuse. Excerveuse ? Nexcitée ! Là, je suis déjà dans la salle de concert, en pleine répétition et, en toute modestie, ça va être génial !

Un photographe est venu pendant la répétition et a pris des tonnes de photos !

HANNAH MONTANA
CHANSONS

1 - We Got the Party
2 - Life's What You Make It
3 - The Best of Both Worlds
4 - If We Were a Movie
5 - Nobody's Perfect
6 - Old Blue Jeans
7 - Rock Star
8 - Make Some Noise
9 - Bigger Than Us
10 - You and Me Together
11 - One in a Million
12 - True Friend

L'ordre des chansons choisi par papa était parfait : il a mélangé mes anciennes et mes nouvelles chansons.

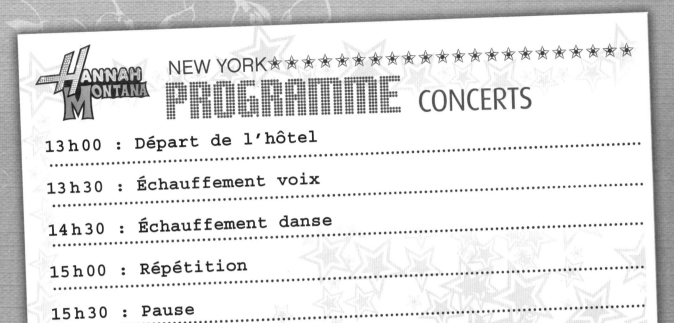

NEW YORK ★★★★★★★★★★★★★★★★★★★★★★★★★
PROGRAMME CONCERTS

13h00 : Départ de l'hôtel

13h30 : Échauffement voix

14h30 : Échauffement danse

15h00 : Répétition

15h30 : Pause

15h45 : Tests de son

18h15 : Coiffure/maquillage

19h15 : Habillage

20h00 : Concert!

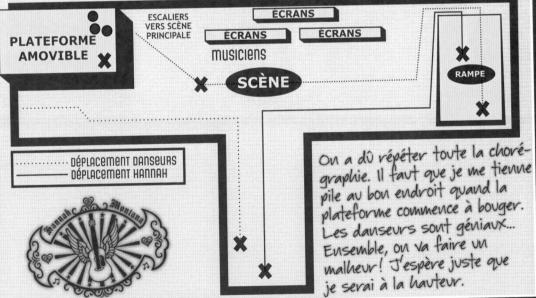

NUMÉRO D'OUVERTURE DU CONCERT DE NEW YORK

EFFETS TECHNIQUES
- JEU DE LUMIÈRE
- ÉCRANS QUI DESCENDENT DU PLAFOND
- PLATEFORME QUI S'ÉLÈVE SUR SCÈNE

PLATEFORME AMOVIBLE

ESCALIERS VERS SCÈNE PRINCIPALE

ÉCRANS   ÉCRANS   ÉCRANS

MUSICIENS

SCÈNE

RAMPE

······ DÉPLACEMENT DANSEURS
——— DÉPLACEMENT HANNAH

On a dû répéter toute la chorégraphie. Il faut que je me tienne pile au bon endroit quand la plateforme commence à bouger. Les danseurs sont géniaux... Ensemble, on va faire un malheur ! J'espère juste que je serai à la hauteur.

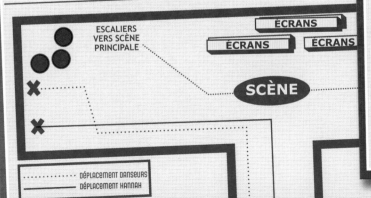

« FAITES DU BRUIT ! » CHORÉGRAPHIE

ESCALIERS VERS SCÈNE PRINCIPALE

ÉCRANS   ÉCRANS   ÉCRANS

SCÈNE

······ DÉPLACEMENT DANSEURS
——— DÉPLACEMENT HANNAH

HANNAH MONTANA
PAROLES ET PARTITIONS

Ça promet d'être
un méga concert rock !

La nuit !

Le jour !

On va bientôt commencer le réglage du son. C'est un peu
ennuyeux, mais super important. Si le niveau des micros
n'est pas assez fort, ma voix semblera aussi fade qu'une
quesadilla au fromage de chez Rico !

Comme au cinéma on voit souvent les rock stars répéter
pendant les réglages du son, j'ai un peu l'impression d'être
une actrice et de jouer un rôle. Ce qui est amusant c'est que
je passe plus de temps à faire croire que ce n'est PAS ma vie
plutôt que le contraire ! Oh là là, un peu compliqué, non ?

C'est tellement émouvant!

Essai micro, 1, 2 !

HANNAH MONTANA

HANNAH MONTANA

HANNAH MONTANA

FOURNITURES DEMANDÉES DANS LA LOGE :

Sachets de thé, miel et rondelles de citron
Trop plate ! Où sont les laits fouettés ?

Fruits et fromages
Et des domestiques pour me servir.

Serviettes et gel douche
Pour mon unique douche de la semaine !

Plats de la région à emporter
Je dois manger toutes les 15 minutes !

✓ Voiture de sport rouge (intérieur cuir si possible) pour mon frère, Jackson.

✓ Les 10 plus grands jeux vidéo du moment (faire parvenir à Jackson Stewart)

✓ TV écran plat (à livrer à Jackson Stewart).

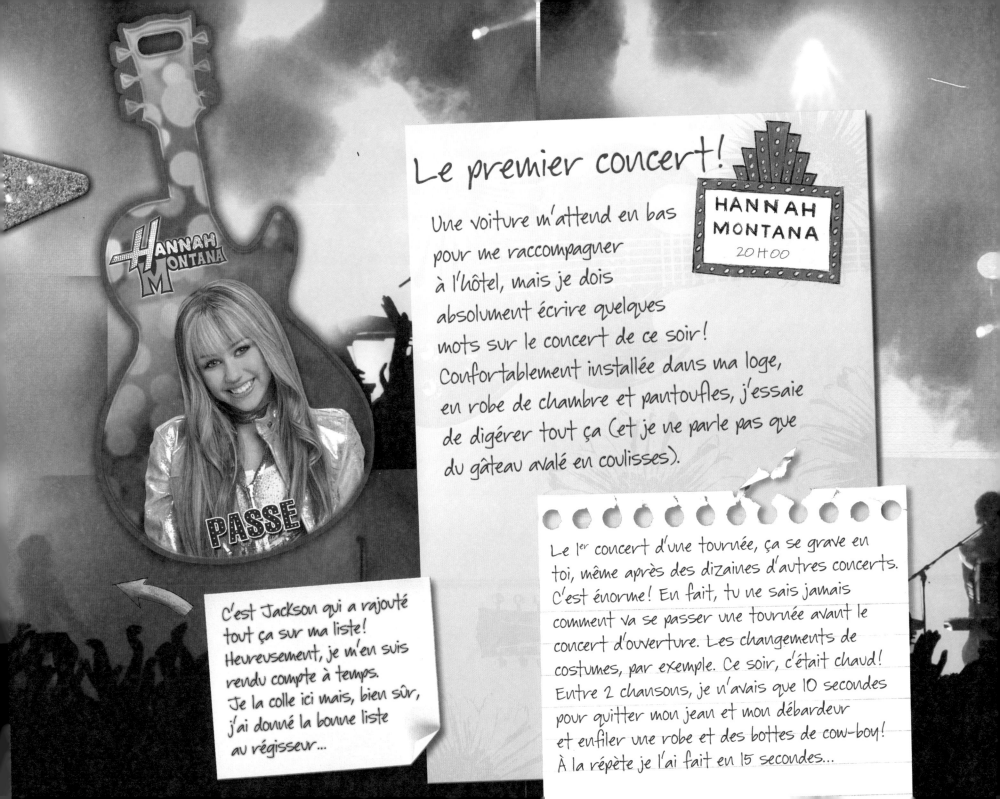

Le premier concert!

Une voiture m'attend en bas pour me raccompagner à l'hôtel, mais je dois absolument écrire quelques mots sur le concert de ce soir! Confortablement installée dans ma loge, en robe de chambre et pantoufles, j'essaie de digérer tout ça (et je ne parle pas que du gâteau avalé en coulisses).

HANNAH MONTANA
20 H 00

C'est Jackson qui a rajouté tout ça sur ma liste! Heureusement, je m'en suis rendu compte à temps. Je la colle ici mais, bien sûr, j'ai donné la bonne liste au régisseur...

Le 1er concert d'une tournée, ça se grave en toi, même après des dizaines d'autres concerts. C'est énorme! En fait, tu ne sais jamais comment va se passer une tournée avant le concert d'ouverture. Les changements de costumes, par exemple. Ce soir, c'était chaud! Entre 2 chansons, je n'avais que 10 secondes pour quitter mon jean et mon débardeur et enfiler une robe et des bottes de cow-boy! À la répète je l'ai fait en 15 secondes...

COMPLET

Le site des meilleures critiques musicales

recherche

Hannah Montana : LA tournée de l'été !
par Mindy Maven

Hannah Montana est toujours fabuleuse, le concert de ce soir n'a pas dérogé à la règle. Lors du concert d'ouverture de sa tournée d'été, le charisme de la jeune Rock Star a envoûté tout New York. La salle était pleine à craquer et les fans n'ont pas été déçus du

Au bout de 10 secondes, quand les spots se sont rallumés et que les musiciens ont entonné « Rock Star », mon cœur battait si fort que j'avais du mal à les entendre! Mais dès que j'ai commencé à chanter, le public s'est enflammé et a repris les paroles. Une vraie poussée d'adrénaline!

NEW YORK REVIEW
— Friday Evening Edition —

HANNAH MONTANA CROQUE LA GROSSE POMME À PLEINE DENT !

Ce soir, Hannah Montana a lancé sa tournée par un concert à guichet fermé. Elle semble avoir touché au cœur ses fans mais aussi les critiques qui, à la suite du public, applaudissent la performance de la Rock Star dans de nom-

HANNAH
MONTE LE SON !

Sa tournée nationale débute à New York

Un vent de folie parcourt New York depuis que l'on sait qu'Hannah Montana a choisi la grosse pomme pour donner le coup d'envoi de sa tournée à travers les États-Unis. Ce soir, des milliers de fans ont arpenté les trottoirs de la ville pour voir leur idole chanter à guichet fermé. Et ils n'ont pas été déçus ! Galvanisé par un fantastique numéro d'ouverture, le public a repris toutes les chansons en chœur…

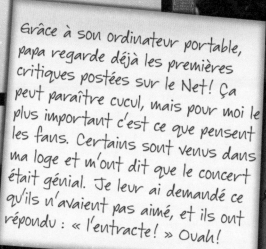

Grâce à son ordinateur portable, papa regarde déjà les premières critiques postées sur le Net ! Ça peut paraître cucul, mais pour moi le plus important c'est ce que pensent les fans. Certains sont venus dans ma loge et m'ont dit que le concert était génial. Je leur ai demandé ce qu'ils n'avaient pas aimé, et ils ont répondu : « l'entracte ! » Ouah !

Mon palais de star !

J'étais un peu triste de quitter NY et le confort de l'hôtel, mais aussi super excitée à l'idée de découvrir notre nouvelle maison roulante : mon génialissime bus de tournée ! J'avais mis sur papier plusieurs idées pour une décoratrice d'intérieur et elle en a fait un vrai palais !

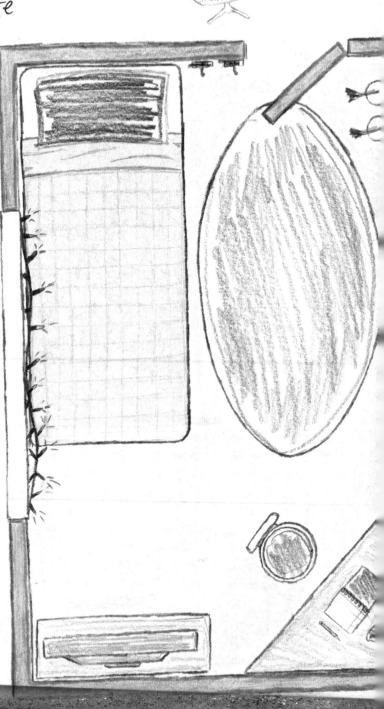

Souvenirs de mes concerts

Petite cuisine

sympa et bien pratique

HANNAH MONTANA

Top pour se détendre!

Ouah! Trop concentrée sur la déco du bus, je ne me suis pas rendu compte des kilomètres parcourus! Quand j'ai commencé, on était à New York et nous voilà déjà en Pennsylvanie. J'ai complètement zappé le New Jersey!

Papa a accroché quelques-unes de mes récompenses. Ça fait toujours du bien au moral quand on meurt de trac avant un concert!

Petit portemanteau très mignon. (Bonus : Papa n'a plus besoin de me dire « range ta chambre ! »)

Un jour, quelqu'un m'a dit que la décoration était la clé de tout. C'est vrai !

Ce petit vase s'accroche au mur. Parfait pour mettre les fleurs des fans.

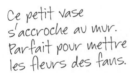

PHILADELPHIE
80 KM

J'adore ces fauteuils

STAR SHOT
Photography Studio
Philadelphia, PA

Regarde ça! Je vais être en couverture du *Philadelphia Teen Magazine*! Aujourd'hui, j'ai fait la séance photo et c'était GÉNIAL! Ce que j'ai préféré? Le steak spécial Philadelphie du déjeuner... ça et les vêtements fabuleux qu'ils m'ont prêtés, bien sûr!

L'article s'appelle « Hannah Montana : une star en toute saison ». À Malibu, on n'a pas vraiment de saisons et encore moins de neige, alors j'ai adoré porter le blouson de ski!

C'est fou l'effet des vêtements sur le cerveau! Quand j'ai mis la tenue d'automne – une jupe plissée avec une veste en laine et des bottes – j'ai vraiment eu l'impression de m'habiller pour l'école!

Un blouson de ski merveilleux!

Ouah! Les bottes!

Philadelphia

TEEN
Magazine

LOOK DE STAR

10 CONSEILS

HANNAH MONTANA

UNE STAR EN TOUTE SAISON

LES CHOIX
MAQUILLAGE
DE L'ÉDITEUR

Pour le printemps, je portais des espadrilles super tendance que tu peux faire personnaliser dans un magasin de Philadelphie ou sur Internet. Je pense en commander une paire pour l'anniversaire de Lilly. Qu'en penses-tu ?

Papa m'a proposé d'acheter deux paires identiques, une pour Lilly et une pour moi. Sûrement... PAS ! C'est très gentil de sa part, mais, entre toi et moi, je pense que papa est un peu perdu côté mode... Oh ! Je dois y aller. Je dois enfiler une nouvelle perruque et me préparer pour le concert de ce soir.

Quel look d'enfer !

J'adore cette robe !

Des chaussures de rêve...

Quelle garde-robe de star!

Mon second choix

J' ♥ LES CARTES POSTALES

FIRST CLASS

≈ 0.30 8

Rien ne cloche à Philadelphie

Jackson !

Chère Miley,

J'ai vu ton frère surfer hier. Enfin ESSAYER de surfer, plutôt... Il a non seulement perdu l'équilibre mais aussi... son tee-shirt ! Rico l'a ramassé sur la plage et a refusé de le lui rendre s'il ne sautait pas à cloche-pied devant tout un groupe de filles ! T'aurais dû voir ça... Enfin, ton concert à Baltimore devait être pas mal non plus ! T'as vu de beaux garçons ? Sûrement dans l'état du MARYland... T'as capté le jeu de mots ?

M.A.P.L.V.M.T.I.A.R.V.*

Bises, Lilly

*Meilleure Amie Pour La Vie Mais
T'as Intérêt À Rentrer Vite

Maryland USA

Regarde ! Ma première carte postale de Lilly !

NEW YORK

Quelques cartes postales
que j'ai achetées
en route.

Washington, DC

CHICAGO

NAVY PIER

No D 710 ADMISSION

No D 709 ADMISSION

Quelle vue!

Baltimore!

J'ai répondu à Lilly, mais comme j'ai perdu la carte, j'en ai écrit une autre avant de retrouver la 1ʳᵉ sous mon lit! (OK ma chambre est super cool, mais on ne peut pas dire qu'elle soit super rangée...) Bref, je colle ici la 1ʳᵉ.

WISCONSIN

Chère Lilly,

Je t'adore, tu le sais bien, mais s'il te plaît, promets-moi de ne JAMAIS devenir comique! MARYland? Endormant comme blague! La tournée est géniale, mais je suis crevée et puis... tu me manques! Oliver aussi bien sûr. Faut que j'y aille, je dois faire des essayages pour le numéro final du concert. On a choisi un jean avec un tee-shirt et une petite veste que j'enlève entre les morceaux. Heureusement que je ne suis pas aussi maladroite que Jackson côté garde-robe...

M.A.P.L.V.M.T.I.A.M.R.V.✳
Bises, Miley

✳ Meilleure Amie Pour La Vie Mais
T'as Intérêt À Me Rendre Visite

P.S. Des nouvelles de Jake? C'est pas que je m'inquiète, mais bon un petit peu quand même.

Cleveland

Philadelphie

New York

Quelle danse !

Chicago

HÔTEL ADRIANNA

Zzzzzzzzzz...

On en est déjà à 16 concerts dans 12 villes! Non-stop! En plus, pendant la journée, on répète la nouvelle chorégraphie de « Pumpin' Up the Party »...

Je suis cla...quée! D'ailleurs j'écris ces lignes bien au chaud sous ma couette. J'ai même accroché la pancarte « Ne pas déranger » à la poignée de ma chambre d'hôtel pour pouvoir me reposer tranquillement.

Je n'ai même pas râlé cet après-midi quand papa a imposé cette « soirée-repos ». (Il prend très au sérieux son rôle de manager, n'est-ce pas?)

Règles de la « soirée-repos » :

Pas de jeu vidéo
Pas de DVD
Pas de Karaoké
Pas de jeu de cartes
Pas de portable

Hannah Montana

★ ★ ★ ★ ★ ★ ★ ★ ★ ★ ★ ★ ★ ★ ★

PROGRAMME

Villes (États)	Dates
New York, NY	29 et 30 juin
Philadelphie, PA	1er juillet
Baltimore, MD	2 juillet
Washington, DC	3 juillet
Harrisburg, PA	5 juillet
Cleveland, OH	6 et 7 juillet
Toledo, OH	8 juillet
Chicago, IL	10 et 11 juillet
Madison, WI	12 juillet

HÔTEL ADRIANNA

Résignée à suivre les règles de papa à la lettre, j'allais éteindre mon portable quand j'ai vu que j'avais reçu un texto de Jake! En regardant sur le net le programme de ma tournée, il a remarqué qu'on serait tous les deux à la Nouvelle-Orléans LE MÊME JOUR! (Il va jouer comme vedette invitée dans une série TV.) On s'est mis à échanger plein de textos à propos de tout et n'importe quoi : de ciné, de musique, des profs qu'on aurait à la rentrée... De tout! Sauf du plus important : nous deux. J'Y COMPRENDS PLUS RIEN! J'y arriverai peut-être un jour mais, pour le moment...mes...neurones... sont...en veille...

Ça fait un bail qu'on ne s'est pas vus...

WAVECREST CINEMA
A DAY TO REMEMBER
7:00 PM, Samedi

WAVECREST CINEMA

De chez moi, à Malibu...

... jusque dans le Tennessee

Pause-déjeuner
au milieu des fleurs

RETOUR AUX SOURCES!

On se rapproche du Tennessee! Je le sens : à Malibu, l'air est plus dense et il flotte comme une odeur de gâteau aux noix. Je sais bien que le sud de la Californie est mon nouveau chez moi, mais j'ai quand même passé toute mon enfance dans le Tennessee! J'y ai appris à chanter et à jouer de la guitare (à parler et à marcher aussi!). C'est là que tante Dolly et ma grand-mère, Mamoune, habitent et puis c'est là que j'ai vu maman pour la dernière fois...

Au lieu de déprimer, je ferais mieux de mettre tout ça en musique. Composer une chanson m'aide toujours à éclaircir mes idées. Je vais noter tout ce qui me passe par la tête!

Montagnes brumeuses

Tennessee...
Celle que je suis...
Celle qu'on ne
voit pas?

Je contemple le paysage
(rime avec quoi? sauvage?)

Les fleurs ont
des racines.
(moi aussi...)

À 100 km de la sortie...
À 100 km de mon ancienne vie?...
À 100 km de ce
que je suis?

Sous mes yeux, les patates
douces laissent la place aux
plants de tomates.

The EDGE 97.3
La meilleure radio du Tennessee

Manager de la tournée
a/s Hannah Montana

Madame, Monsieur,
Nous sommes très heureux d'apprendre qu'Hannah Montana accepte d'être interviewée sur notre radio et l'attendons avec beaucoup d'impatience.
De plus, serait-il possible de créer une édition limitée d'auto-collants, approuvée par Mlle Montana, afin de les distribuer à ses fans ?

Papa vient de m'apprendre qu'une radio du Tennessee souhaite distribuer des autocollants « Hannah Montana » à ses auditeurs.
Ils aimeraient que ce soit moi qui les dessine...
Ça tombe bien, je me sens l'âme créative aujourd'hui !

C'est celui-ci qu'on a choisi.

J'aime bien celui-ci...

C'est celui-là que je préfère, je crois.

©Disney

Retour au pays

○○○○○○○○○○○○○

Quand papa m'a dit qu'on jouerait à La Grange, j'ai cru tout d'abord que c'était le nom de la salle de concert. Eh bien non! C'est une VRAIE grange! Les techniciens ont même dû installer une scène... Malheureusement, ils n'ont rien pu faire contre l'odeur : un doux mélange de « Cheval n° 5 » et d'« Eau de Cochon »... En fait, c'est un ami du groupe de bingo de Mamoune qui était responsable de la réservation de la salle. Il n'avait jamais fait ça auparavant! Il n'y avait même pas de prise pour brancher l'ampli... Ça s'est donc transformé en concert acoustique : moi et ma guitare sèche, seule sur la scène! La trouille de ma vie!

BIENVENUE DANS LE TENNESSEE

Ça y est, on y est!

Discuss

Nom d'un épis de maïs

HANNAH MONTANA
EN CONCERT

Le prix de l'exploitation de l'année revient aux fermes Weber. P.10

Programme du concours de la meilleure tarte aux pommes. P.3

Foire agricole : samedi prochain. P.5

NASHVILLE

HANNAH MONTANA EN CONCERT À NASHVILLE

Pour les amoureux de musique, Nashville est une ville de rêve : les plus grands artistes aiment venir y chanter et le public est toujours

Montana s'inscrit dans cette lignée : les places pour son concert se vendent comme des petits pains!

Coucher de soleil

The Edge devait diffuser le concert
en LIVE ! Ils s'attendaient à ce qu'on
joue dans un stade... On peut dire qu'ils ont
été déçus ! Les vainqueurs d'un concours
organisé par la radio ont reçu des entrées gratuites,
mais à la place des fauteuils d'orchestre et du dîner
au restaurant avec Hannah Montana qu'on leur avait
promis, ils ont eu l'honneur de s'asseoir dans le tracteur
de Mamoune et de partager un barbecue
avec nous...

BBQ
La sauce BBQ de mamoune

Hannah Montana,
Ton concert était super. C'était
incroyable, j'ai eu beaucoup
de chance ! Merci pour le dîner
qu'on a partagé ensemble.
Je n'oublierai jamais
cette soirée.
Ta fan n°1
Kiah

Une vraie soirée
en famille !

POP
STAR

Les gagnants du concours ont vraiment joué
le jeu : ils n'ont pas arrêté de complimenter
Mamoune pour sa sauce barbecue. (Je craignais
qu'elle m'appelle Miley devant eux, mais elle
n'a fait aucune gaffe ! Ouf !) « Des p'tits gars
tout ce qu'il y a de plus simples ! » comme
on dit dans le coin...

Après leur départ,
on est restés en famille,
et on a chanté plein de chansons idiotes
près d'un bon feu. Je me suis rendu
compte que, dans leur cœur, je resterai
toujours une fille du pays, même si
j'habite en Californie. Ce matin, papa
m'a offert une guitare faite dans
le bois du bouleau qui se trouve
derrière la maison de Mamoune !
Comme ça j'ai toujours avec moi
une partie de mon enfance.

The **EDGE 97.3 PRÉSENTE**
La meilleure radio du Tennessee

HANNAH MONTANA
À LA GRANGE
25 juillet – 20h00
Entrée gratuite

FAUTEUIL D'ORCHESTRE
UNE ENTRÉE

HANNAH MONTANA
EN TOURNÉE

EN CONCERT À LA GRANGE !

LES SUCCÈS

Le premier album d'Hannah Montana, *This is The Life* numéro 1 au hit-parade.

I got Nerve, meilleur album de l'année

Sa chanson *True friends* a remporté le Silver Boot award.

Hannah Montana a participé à plusieurs shows télévisés : *Taylor Kingsford Show, Top Rockers, The Real Deal with Collin Lasseter* et *Singing with the Stars*. Elle a aussi obtenu le premier rôle pour le film *Zombie High* et a été la présentatrice du Teen Scene Awards.

SURPRISE !

En rentrant dans ma loge, j'ai cru halluciner quand j'ai aperçu la perruque rose ! Vu que je sortais de mon deuxième concert à Miami et que j'étais morte de fatigue, ça n'était pas totalement impossible... Mais la perruque s'est retournée et a crié « Surprise! » : c'était bien LILLY ! (Enfin, déguisée en Lola.)

De retour au bus, devinez qui j'ai trouvé sur mon lit? OLIVER ET JACKSON! Quelle bande de comploteurs... Et papa aussi était dans le coup! Timing parfait en tout cas puisque j'avais deux jours de repos devant moi avant de reprendre la tournée.
On a passé notre temps sur la plage, comme à la maison, à lézarder et à papoter pendant des heures.

Lola en tenue glam-rock

Waveside Suites
Miami Beach, Florida

Comme les filles de Miami ne connaissaient pas encore Jackson et Oliver, on aurait pu croire qu'ils se seraient calmés, histoire de sauver leur réputation de ce côté-ci des États-Unis. Mais non! Souhaitant se faire passer pour des surfeurs professionnels, ils se sont tartinés d'autobronzant et sont devenus... orange comme des écrevisses!

Orange comme ça! Beurk!

Grâce à eux, on a ri pendant des heures avec Lilly! Rien de mieux finalement pour se reposer!

Miami Beach, Florida

CRAZY DAVE'S
Tatouages temporaires

Voilà à quoi ressemblait le tatouage de Jackson!

CRAZY DAVE'S
Tatouages temporaires

Miami Beach, Florida

Et comme si ça ne suffisait pas, ils se sont fait de faux tatouages! Une fois mouillés, celui d'Oliver ressemblait plus à un opossum obèse qu'à une planche de surf et le cœur de Jackson, à une masse informe rouge.

J'ai récupéré ce faux tatouage en souvenir de notre fou rire.

Satin argenté piqué
de diamants fantaisie.

De longs pendants d'oreilles
font toujours beaucoup d'effet
avec des cheveux lâchés.

Ne pas hésiter
à mélanger
or et argent.

Cette robe
élégante a été créée
juste pour
le bal !

Petit sac à main
conçu pour aller
avec la robe.

Talons aiguilles avec lanières à la cheville
pour ne pas trébucher sur le tapis rouge.

Satin argenté.

Maquillée pour le bal
de charité

Vous êtes invitée...

Je rentre tout juste de ma première soirée depuis la fête de fin d'année de l'école! Enfin, ça n'avait rien à voir. La fête de l'école se passait sur la plage et j'y étais allée pieds nus. Ce soir, je portais des talons aiguilles et une robe en satin argenté...

Papa a fait venir un coiffeur et une maquilleuse à l'hôtel. Quand il m'a vue, fin prête, il n'a rien su dire d'autre que « Ouah, mon lapin! ». Il oublie souvent que je ne suis plus une petite fille, même si je resterai à jamais SA petite fille.

Tenue de soirée exigée!

Merci

de nous faire l'honneur de votre présence
au Bal de Charité de l'Été
de la Nouvelle-Orléans
et pour votre don généreux.

Je ne me suis vraiment rendu compte de l'importance de ce bal de charité qu'en sortant de la limousine : les flashs des journalistes m'ont rendue presque aveugle... Il y avait plein de célébrités, de stars du cinéma et même un ex-président! Mais tandis que je remontais le tapis rouge, je ne cherchais qu'un seul visage parmi la foule. Après tout ce qui s'était passé entre Jake et moi, j'avais hâte de le revoir! Avait-il changé? Et moi? ...

Mais je ne le verrais pas ce soir-là : en pleine interview, j'ai reçu un texto m'annonçant qu'il ne viendrait pas car sa journée de tournage allait finir tard. Quoique déçue, ça m'a permis de me détendre un peu et de profiter du bal!

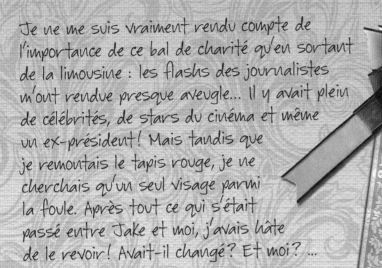

Après tous les restoroutes de la tournée, ce dîner était magique! Mais je ne suis pas sûre d'avoir utilisé la bonne fourchette au bon moment... Et la musique! Qui aurait cru que le blues pouvait être aussi cool? C'était agréable aussi de pouvoir se lâcher sur la piste de danse sans craindre de louper une marche ou de tomber de la scène...

BCE

Entrée
Prosciutto
Salade de betterave rouge et jaune

Plat principal
Côte de bœuf de premier choix
Saumon aux herbes et crème fraîche
Courge musquée et blettes arc-en-ciel saupoudrées de pesto

Dessert
Fondant au chocolat
Crème brûlée

BCE
Hannah Montana
Table 11

SURE STOP RESTAURANT — Open 24hrs! GOOD EATS!

Un des danseurs nous a fait découvrir son restaurant familial connu pour sa tarte « Frito chili ». J'en ai repris 2 fois!

La tournée est presque terminée, alors je colle ici ma carte des États-Unis (merci les cours de géo!) pour être sûre de me rappeler tous les endroits où l'on s'est arrêté.

Tarte « Frito chili »
Fritos, chili et fromage accompagnés de pain de maïs, de salade ou de chips.

Poulet frit
accompagné de patates douces et de légumes.

Le public de Cleveland était très chaud!

Miami Floride

Impossible de passer par notre capitale sans faire un peu de tourisme!

Dallas City Times

LA JEUNE ROCK STAR HANNAH MONTANA EN CONCERT À DALLAS

par Laurent Cavanaugh & Jen Marx

Hannah Montana est arrivée à Dallas aujourd'hui et a donné un concert à guichet fermé. Les critiques ont unanimement chanté ses louanges et conseillent ~~~~ de découvrir ce nouveau phénomène.

J. Ryan
Malibu, CA

FIRST CLASS

USA 42   USA 42

Il est trooooooooooop mignon!

Aujourd'hui, juste avant le concert, Roxy m'a apporté un colis dans ma loge. (Elle ouvre mon courrier avant moi, pour des « questions de sécurité ».) Elle m'a fait les gros yeux en me tendant le colis. J'ai vu que le nom de l'expéditeur était celui de Jake. Comme quoi, il n'y a pas que papa qui me surveille de près, côté garçon.

Hannah Montana
Tournée de Hannah Montana
c/o Bay Area Arena
San Francisco, CA

CONTENTS CHECKED BY:
ROXY
HEAD OF SECURITY

READY TO Rock

Miley,
Parmi toutes les filles,
c'est toi que j'ai choisie...
Jake

Son petit mot était si
adorable que je le colle ici.

Les vagues sont géniales!
Tu me manques.

Dans le colis, il y avait aussi une petite boîte recouverte de velours bleu. À l'intérieur se trouvait un médiator super chou... Je l'ai accroché à mon bracelet. Il brille à la lumière quand je bouge le poignet !

HANNAH MONTANA

EN CONCERT
BAY AREA ARENA
SAN FRANSISCO, CA
LE 9 AOÛT

Pendant un rappel !

J'ai appelé Lilly sur-le-champ. Son avis ? « Sois heureuse et ne réfléchis pas trop. » Je vais essayer de suivre son conseil. D'ailleurs, mon oncle Earl dit toujours : « Avoir l'esprit obsédé par quelqu'un, c'est aussi bête que de nager tout nu dans une mare pleine de tortues carnivores. » Mais rien à faire, j'ai pensé à lui durant tout le concert et je lui ai même dédié une chanson : « Au beau garçon qui a illuminé ma journée. » Je me demande si Jake le découvrira un jour... En tout cas, quelle tournée formidable !

HANNAH MONTANA

Déjeuner	9h00	Dernier déjeuner dans un restoroute! Adieu crêpes aux bleuets, au beurre et au sirop d'érable. Retour aux céréales froides et au frère qui vide le stock de lait...
Sacs et valises	10h30	Ma valise est 2 x plus lourde qu'à mon départ... Comment ça se fait? Pourtant, j'ai pratiquement pas fait les magasins... Si?
Échauffements	12h00	Dernière séance d'échauffement vocal. Ma voix commence à fatiguer...
Dîner	13h30	Hamburgers au drive-in et on mange rapidement dans le bus. Je commence vraiment à me lasser des fast-foods!
Temps libre	15h00	Au téléphone, j'ai dit « à demain! » à Lilly. (Demain! ça fait bizarre...)
Coiffure et maquillage	16h00	Dernière séance de coiffure et de maquillage. La perruque d'Hannah Montana ne me manquera pas trop...
Réunion avec toute l'équipe	19h45	Séquence émotion avec tous les danseurs et les musiciens...
Dernier concert	20h00	Tout au long du concert, j'ai dû remercier les musiciens, les choristes et les danseurs un millier de fois!
Soirée de fin de tournée	22h00	Quelle fête! On était tous surexcités... Prochain arrêt : Malibu!

BIJOU

De retour à la maison!

Moi qui commençais à me faire aux secousses du bus! Il nous faut déjà rentrer... Voici le programme de ma toute dernière journée!

MENU

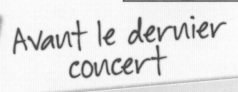

Décors fabuleux!

Trésors & co

Avant le dernier concert

FÉLICIT

Le meilleur de la tournée

1 Dans les coulisses, après le 1er concert. On s'est tous embrassés en hurlant « On a réussi! ». C'était génial de savoir que ça se prolongerait tout l'été!

2 Écouter les grillons chanter et papa gratter sur sa guitare au coin du feu jusqu'à tard dans la nuit.

3 Entrer dans ma loge à Miami et y trouver Lilly!

4 L'intro de la nouvelle chanson au concert de Seattle. Une note très aiguë me fichait la trouille, mais je l'ai eve!

5 Les rappels du dernier concert... Je n'avais aucune envie de quitter la scène. Mais j'étais aussi très impatiente de faire la fête : des sentiments totalement opposés, mais finalement, que du bonheur!

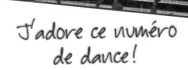

J'adore ce numéro de dance!

ATIONS

Le public s'est enflammé pendant le dernier rappel!

HANNAH MONTANA

à toi maintenant d'entrer en scène...

Miley Stewart est confrontée aux préoccupations des jeunes de son âge :
avoir de bonnes notes à l'école, être acceptée par les différents groupes, être
bien dans sa peau... comme n'importe quelle adolescente! Miley a cependant un secret :
elle mène une double vie. La Rock Star Hannah Montana, c'est elle! Sur scène,
sa perruque blonde et ses vêtements tape-à-l'œil lui permettent de dissimuler
son identité. Et toi, as-tu un secret? Un côté de ta personnalité que personne
ne connaît? Voici une occasion unique d'afficher, toi aussi, tes couleurs!

mon SCRAPBOOK

Un scrapbook est un album que tu dois créer de toutes pièces et qui doit refléter ta personnalité, ton originalité et tes goûts ! Tous les personnages d'Hannah Montana sont différents. Miley a une double identité : adolescente normale le jour, Rock Star célèbre le soir. Lilly est la meilleure amie de Miley et la reine du drame, mais de façon amusante. Oliver est l'ami loufoque de Miley et de Lilly. Jackson est le frère de Miley et il sait comment obtenir ce qu'il veut. Robby est le père de Miley, il est très présent et apporte un excellent soutien à sa fille afin qu'elle réussisse sa carrière.

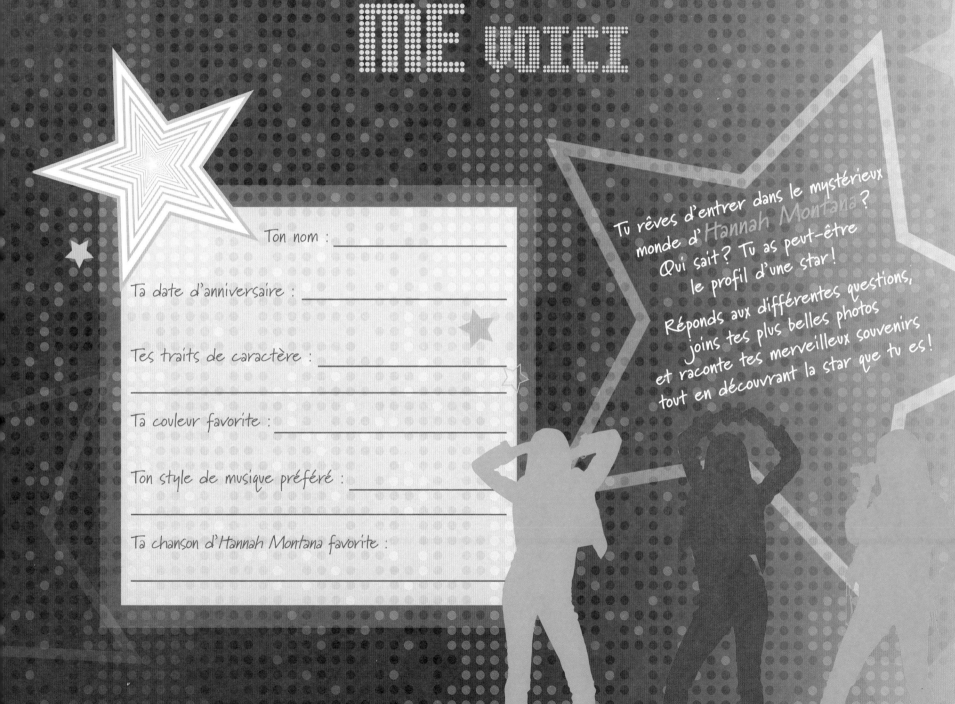

ME VOICI

Ton nom : _____

Ta date d'anniversaire : _____

Tes traits de caractère : _____
_____

Ta couleur favorite : _____

Ton style de musique préféré : _____
_____

Ta chanson d'Hannah Montana favorite :
_____

Tu rêves d'entrer dans le mystérieux monde d'Hannah Montana ? Qui sait ? Tu as peut-être le profil d'une star !

Réponds aux différentes questions, joins tes plus belles photos et raconte tes merveilleux souvenirs tout en découvrant la star que tu es !

À PROPOS D'ELLE

Son nom : _____

Son nom d'artiste : _____

Ses meilleurs amis : _____

_____

_____

Le nom de son école : _____

Le nom de son père : _____

Le nom de son frère : _____

Sa chanson préférée : _____

À PROPOS DE MOI

Place
ta photo
ici !

Ton nom : _____

Ton surnom : _____

Tes meilleurs amis : _____

_____

_____

Le nom de ton école : _____

Le nom de ton père : _____

Le nom de ton frère (ou sœur) : _____

Ta chanson préférée : _____

Place
ta photo
ici !

MES PLUS BELLES PHOTOS

Présente-toi à l'aide de photos de toutes sortes!
Mode, grimaces, vacances, spectacles, folies...
Toutes tes plus belles photos y trouveront
leur place!

ENCORE
DES PHOTOS.....

SOURIEZ !

Présente tes **amis** par des situations cocasses, des anniversaires ou des rencontres spéciales...

TOUJOURS PLUS DE PHOTOS !

QU'AS-TU en COMMUN

Inscris tous les points en commun que
tu as avec chacun des personnages
de la série *Hannah Montana.*

Miley
Stewart
_____
_____
_____
_____

Hannah
Montana
_____
_____
_____
_____

MES AMIS

Maintenant, c'est au tour de tes amis d'être mis à l'honneur.
Colle une photo de chacun d'eux et inscris une brève description
de ces personnes qui te sont chères.

Ami 1

Ami 1 :
_____
_____
_____
_____
_____
_____
_____

Ami 3

Ami 2 :
_____
_____
_____
_____
_____

Ami 2

Ami 3 :
_____
_____
_____
_____
_____
_____

EN MOTS ET EN IMAGES....

Ami 5 :
_____
_____
_____
_____
_____

Ami 5

Ami 6 :
_____
_____
_____
_____
_____

Ami 4

Ami 4 :
_____
_____
_____
_____
_____

Ami 6

QUEL EST TON RÊVE LE PLUS FOU ?

Il y a probablement quelque chose qui te fait *rêver* depuis longtemps, mais que tu crois trop irréel pour en parler à tes amis et à ta famille... Tu as ici la chance de coucher ce rêve sur papier. Qui sait, ton rêve se réalisera peut-être bientôt ! Miley n'aurait jamais cru devenir une grande Rock Star !

Photo

Son nom :

Pourquoi :

QUI SONT TES SOURCES D'INSPIRATION ?

Dans ton entourage, qui t'inspire le plus? Que ce soit
par des épreuves surmontées, des voyages fabuleux réalisés,
des spectacles mémorables auxquels ils ont participé
ou simplement parce que tu les aimes pour qui ils sont...

Photo

Son nom :

Pourquoi :

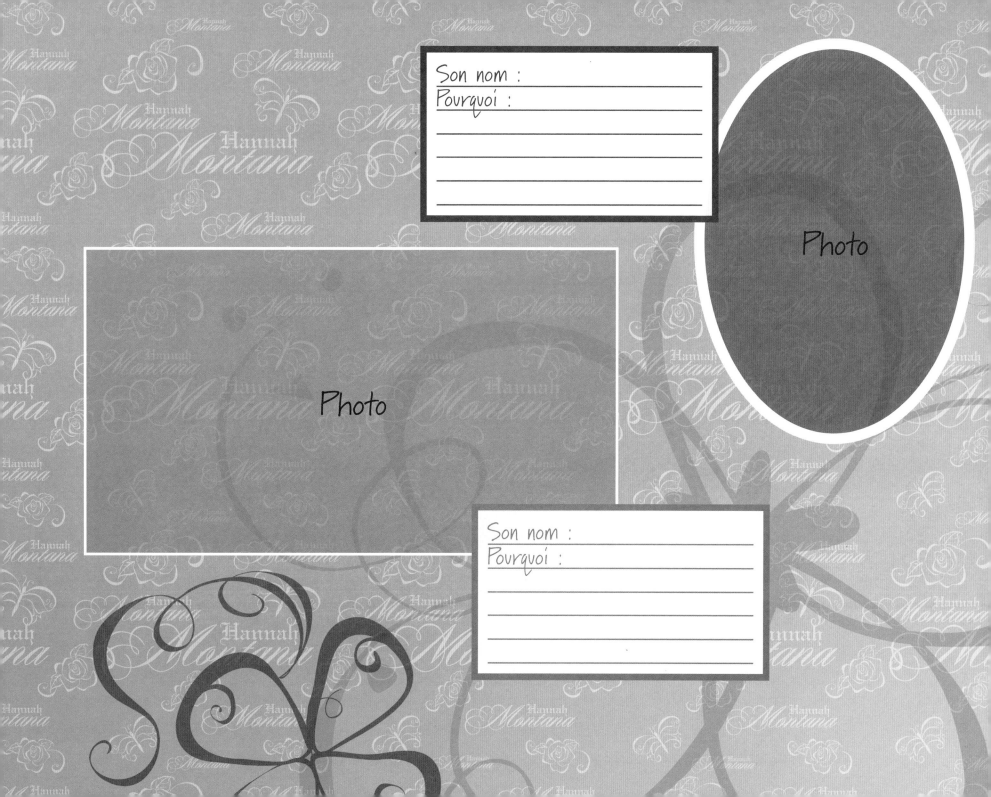

Son nom :

Pourquoi :

Photo

Photo

Son nom :

Pourquoi :

UN PÈRE ATTENTIONNÉ !

Robby Stewart est le père de Miley et il est aussi musicien. Il écrit des chansons pour Hannah et est un père formidable, très présent, qui apporte un excellent soutien à sa fille afin qu'elle réussisse sa carrière de Rock Star.

La **famille** joue un rôle important dans une vie. Décris ce qui rend tes liens familiaux si exceptionnels.
(père, mère, frère, soeur, grands-parents, oncle, tante...)

_____
_____
_____
_____
_____
_____
_____
_____
_____
_____
_____

Photo de
ma famille

Photo de
ma famille

Quelles caractéristiques ont en commun
le **père** de **Miley** et **tes parents**?
(bonne écoute, humour, de bons conseils, etc.)

_____

_____

_____

_____

_____

MA FAMILLE EN IMAGES...

Voici le temps de présenter ta famille à l'aide d'une multitude de photos. Elles peuvent être drôles, touchantes, cocasses... tout est permis !

Photo

Photo

Photo

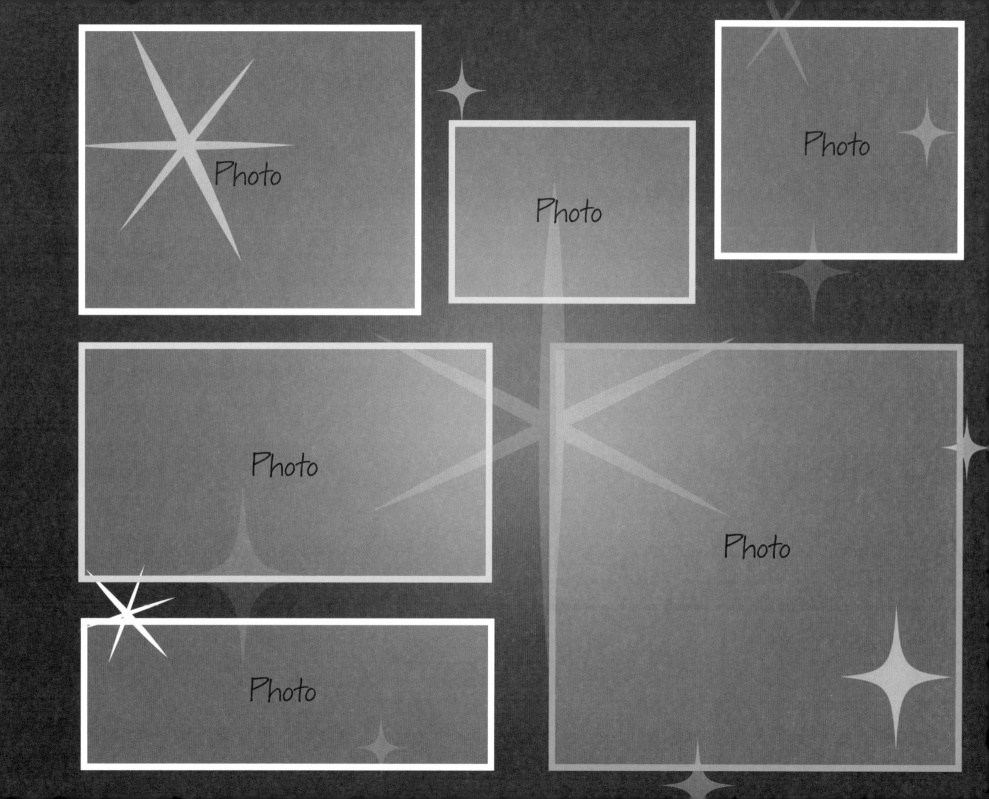

AMIES
POUR LA VIE

La meilleure amie de Miley est Lilly.
Elle est aventureuse, athlétique
et elle connaît le secret de Miley...

Quelles sont les qualités d'une meilleure amie ?

_____

_____

_____

_____

_____

MA MEILLEURE AMIE EN IMAGES...

Voici un endroit où coller de magnifiques photos qui représentent super bien ta relation d'amitié la plus sincère et la plus importante.

Photo

Photo

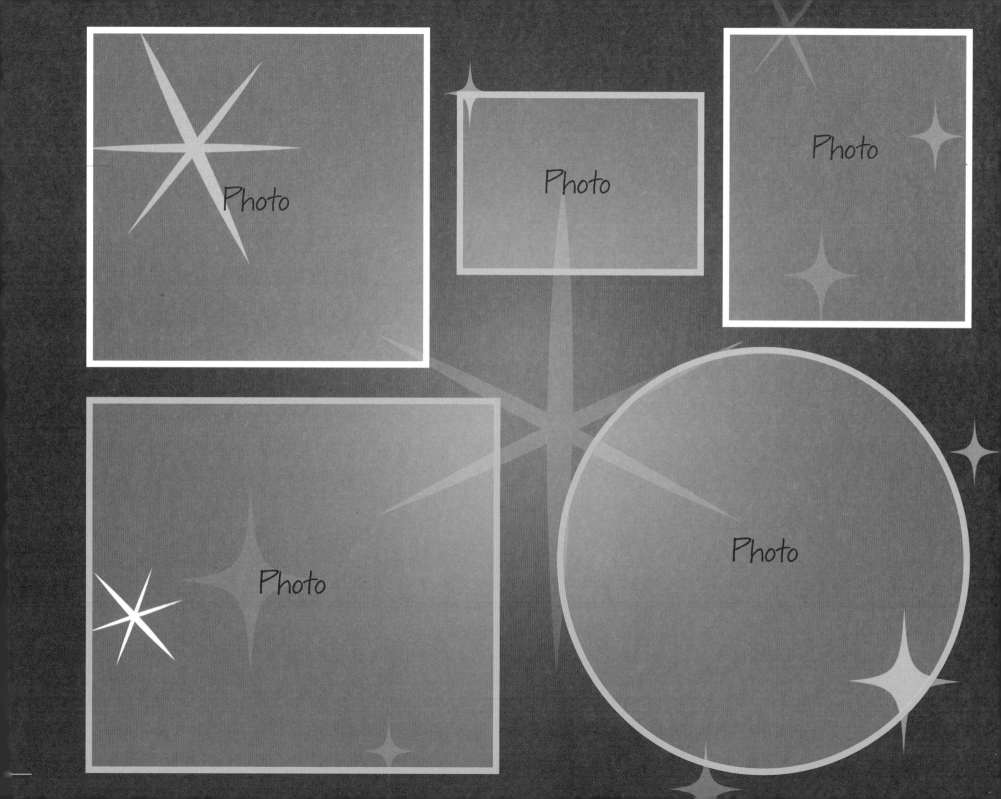

STYLE...
HANNAH ou MILEY?

LA NUIT !

LE JOUR !

Quel est ton style vestimentaire?
_____
_____
_____

Aimes-tu porter des vêtements et
des accessoires colorés et originaux comme
ceux d'Hannah ou préfères-tu un style
mignon et élégant comme celui de Miley?
_____
_____
_____
_____
_____
_____

mon STYLE DE STAR !

Sur ces deux pages, colle des photos de toi où tu portes tes vêtements préférés. As-tu un style chic, sportif, relax, punk... ? Montre-nous toutes les facettes de ta garde-robe.

Allure décontractée

Tenue
préférée

Vêtement
fétiche

Tenue de
soirée

Pyjama
préféré

QUEL TALENT !
QUELLE STAR !

Hannah Montana a beaucoup de talent pour le chant et possède toutes les qualités d'une super Rock Star.

Quelles sont les qualités que tu admires le plus chez Hannah Montana ?

_____
_____
_____
_____
_____
_____
_____
_____
_____
_____
_____
_____
_____
_____
_____
_____
_____
_____

Décris en quelques mots dans quel domaine ou quelle activité tu excelles ou tu performes le mieux.

_____

_____

_____

_____

_____

_____

_____

_____

_____

_____

ET TOI, QUELS SONT TES PASSIONS ?

Hannah Montana adore être sur scène, mais toi, qu'est-ce qui te passionne dans la vie ? Est-ce la cuisine, la peinture, le scrapbooking, l'écriture, les sports... ?

Photo

Photo

Photo de moi
pratiquant
mon activité
fétiche

LE RÊVE DE MILEY EST DEVENU RÉALITÉ !

Miley Stewart est la preuve qu'il est important de croire en ses rêves et de se fixer des buts. Elle n'aurait jamais cru que son rêve d'être une Rock Star se réaliserait !

Note tous les trucs qui t'aideront à atteindre tes buts et à réaliser tes rêves...

_____

_____

_____

_____

_____

ET TOI, QUEL EST TON PLUS GRAND ACCOMPLISSEMENT

Décris en quelques mots une chose accomplie
à laquelle tu tiens beaucoup.

_____
_____
_____
_____
_____
_____
_____
_____
_____
_____
_____

Photo de ce
merveilleux moment

Description de ce moment :
_____
Où : _____
_____
Quand : _____
_____

Colle la photo de toi
que tu aimes le plus.

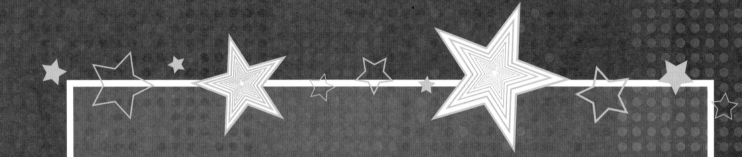

Colle une photo de toi en compagnie
des gens que tu aimes !